cyril lignac
& Les petits chefs

Photographies
Thomas Dhellemmes

Stylisme
Garlone Bardel

hachette
PRATIQUE

À tous les enfants et toutes les mamans, car toute la vie, on reste de grands enfants...

Cyril Lignac

Sommaire

À travers ce livre, j'aimerais vous faire partager le plaisir immense de la cuisine en famille. La joie dans le regard des enfants qui voient leur gâteau doré sortir du four est incomparable. C'est en cuisinant avec vos enfants que vous pourrez leur faire goûter et apprécier les fruits et les légumes qui sont si bons pour leur santé. Choisissez ceux dont c'est la saison, ils n'en seront que plus savoureux. N'hésitez pas à aller au marché tous ensemble ! Je vous souhaite plein de bons moments dans votre cuisine et autour de la table pour préparer et déguster ces délicieuses recettes. Les enfants n'oublieront jamais les bonnes choses qu'ils apprennent à aimer dès le plus jeune âge.

Les conseils de Cyril

Pour toutes ces recettes, demande de l'aide à tes parents pour utiliser le four, la cuisinière et les couteaux.

Avant de commencer

Lis bien la recette du début à la fin pour vérifier que tu as tous les ingrédients, les ustensiles et le temps nécessaire pour la préparer.

Sors tous les ingrédients et les ustensiles dont tu auras besoin.

Lave-toi bien les mains avant de cuisiner.

Mets un tablier pour protéger tes vêtements.

Pendant que tu cuisines

Garde la recette à côté de toi dans la cuisine.

S'il n'y a pas d'horloge dans ta cuisine, prends une montre pour surveiller les temps de cuisson.

Lave ou range tes ustensiles au fur et à mesure pour ne pas que ta cuisine ressemble à un chantier en construction.

Et surtout, amuse-toi bien !

Si tu n'as pas de balance, voici quelques tuyaux pour mesurer tes ingrédients.

1 verre à moutarde de 20 cl contient :

200 g de riz
200 g de sucre en poudre
140 g de sucre glace
100 g de farine

1 cuillère à soupe contient :

1,5 cl de liquide
15 g de sucre en poudre
10 g de farine
5 g de fromage râpé

1 cuillère à café contient :

0,5 cl de liquide
5 g de sucre en poudre

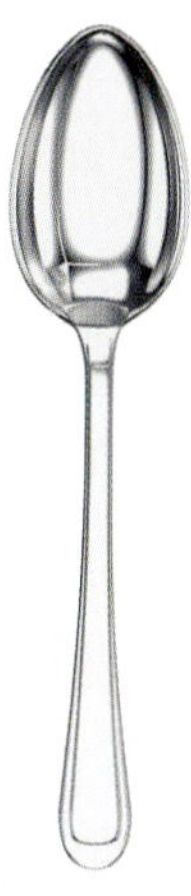

1

Cuisine en famille

Soupe de potiron

4 personnes
Préparation **15 minutes**
Cuisson **20 minutes**

- 1 kg de potiron
- 50 cl de lait
- 4 cuil. à soupe de crème fraîche épaisse
- quelques feuilles de persil plat
- sel, poivre

1

Retire l'écorce et les filaments du potiron. Coupe la chair en cubes. Mets-les dans une casserole avec le lait, du sel et du poivre. Ajoute de l'eau si le potiron n'est pas recouvert par le lait. Fais chauffer la casserole jusqu'à ce que le liquide fasse des petits bouillons. Le potiron doit devenir tendre, ça prend environ 15 min.

2

Sors les morceaux de potiron de la casserole et mets-les dans le bol d'un robot. Mixe-les jusqu'à ce que tu obtiennes une soupe lisse. Ajoute un peu du liquide de la casserole pour donner une bonne consistance à la soupe.

3

Verse la soupe dans 4 bols. Ajoute 1 cuil. à soupe de crème fraîche et quelques feuilles de persil sur chacun.

CONSEIL

Pour donner à ta soupe un petit goût exotique, tu peux remplacer la crème par du lait de coco.

Spaghettis au thon et aux tomates

4 personnes
Préparation 10 minutes
Cuisson 15 minutes

- 400 g de spaghettis
- 200 g de thon en boîte (poids net égoutté)
- 4 tomates allongées
- 1/2 citron
- quelques feuilles de basilic
- 4 cuil. à soupe d'huile d'olive
- sel, poivre

1 **Fais cuire les pâtes** dans une grande quantité d'eau bouillante salée pour la durée indiquée sur le paquet.

2 **Pendant la cuisson,** écrase le thon à la fourchette dans un petit bol. Coupe les tomates en petits dés. Presse le demi-citron. Coupe le basilic en lanières.

3 **Égoutte bien les pâtes** dans une passoire. Reverse-les dans la casserole chaude. Mélange-les bien avec l'huile d'olive, le thon, les dés de tomates, le jus de citron, le basilic, du sel et du poivre. Sers-les immédiatement.

Gratin de courgettes

4 personnes
Préparation **15 minutes**
Cuisson **25 minutes**

- 4 courgettes
- 100 g de feta
- 2 œufs
- 15 cl de crème fraîche
- 1 pincée de noix de muscade
- 2 cuil. à soupe d'huile
- sel, poivre

1

Fais chauffer le four à 200 °C (th. 6-7). Ôte les extrémités des courgettes et coupe-les en tranches épaisses sans les peler. Fais chauffer l'huile à feu moyen dans une grande poêle et fais cuire les rondelles de courgettes environ 10 min, en les retournant, jusqu'à ce qu'elles soient bien dorées. Sale-les et poivre-les. Pose-les dans un plat à gratin.

2

Coupe la feta en petits dés. Dans un bol, mélange les œufs, la crème, la noix de muscade, du sel et du poivre.

3

Verse le mélange aux œufs sur les courgettes. Répartis les morceaux de feta dessus. Mets le plat au four pour 15 min de cuisson.

CONSEIL

Tu peux ajouter un peu de menthe fraîche en lanières dans ce gratin.

Hachis Parmentier

4 personnes
Préparation **20 minutes**
Cuisson **1 heure environ**

- 500 g de viande de bœuf hachée
- 750 g de pommes de terre à purée
- 15 cl de lait
- 5 cl de crème liquide
- 60 g de beurre
- 1 oignon
- 1 petite boîte de tomates concassées
- 60 g d'emmental râpé
- sel, poivre

1

Pèle les pommes de terre.
Coupe-les en cubes et mets-les dans une grande casserole d'eau salée. Fais bouillir l'eau et fais cuire les pommes de terre environ 20 min, jusqu'à ce qu'elles soient tendres. Égoutte-les. Reverse-les dans la casserole. Ajoute le lait, la crème liquide et la moitié du beurre. Fais doucement chauffer le tout.

2

Écrase les pommes de terre au presse-purée (ou à la fourchette). Sale-les et poivre-les. Pèle l'oignon et coupe-le en deux puis en fines tranches. Fais chauffer un peu de beurre restant à feu moyen dans une casserole. Quand il est fondu, ajoute l'oignon et sale-le. Fais-le cuire 5 min. Ajoute ensuite la viande hachée, les tomates et fais cuire le tout environ 20 min en mélangeant pour bien cuire la viande.

3

Fais chauffer le four à 180 °C (th. 6). Beurre un plat à gratin. Étale la moitié des pommes de terre écrasées dans ce plat, puis la viande, puis l'autre moitié des pommes de terre. Saupoudre le plat avec le fromage râpé. Mets-le au four pour 15 min de cuisson.

Antoine PARMENTIER :
est associé à la pom
et en particulier à un
viande de bœuf dressé
couches de purée et
appelé "hachis parm

Purée de patates douces

4 personnes
Préparation 10 minutes
Cuisson 15 minutes

- 800 g de patates douces
- 20 cl de crème liquide
- 1 noix de beurre
- 1 pincée de noix de muscade
- sel, poivre

1 **Pèle les patates douces** et coupe-les en gros dés. Mets une grande casserole d'eau salée à bouillir. Mets-y les dés de patates douces et fais-les cuire environ 10 min, jusqu'à ce qu'ils soient tendres, puis égoutte-les.

2 **Fais chauffer la crème liquide** dans une autre casserole. Remets les morceaux de patates douces dans la casserole avec la crème chaude, le beurre, la noix de muscade, du sel et du poivre. Écrase-les avec un presse-purée (ou à la fourchette).

CONSEIL

Tu peux servir cette purée avec des magrets de canard ou des côtes de porc.

Quiche lorraine

4 personnes
Préparation 10 minutes
Cuisson 30 minutes

- 1 rouleau de pâte brisée
- 150 g de lardons
- 3 œufs
- 100 g d'emmental râpé
- 3 cuil. à soupe de crème fraîche

1 Fais chauffer le four à 200 °C (th. 6-7). Mets les lardons dans une poêle antiadhésive. Fais-les cuire en les remuant jusqu'à ce qu'ils soient bien croustillants puis égoutte-les sur du papier absorbant.

2 Étale la pâte brisée dans un moule à tarte, en conservant le papier cuisson qui l'entoure (sinon, utilise un peu de beurre pour graisser le moule). Pique la pâte avec une fourchette. Pose les lardons cuits sur la pâte.

3 Casse les œufs dans un bol. Ajoute le fromage râpé et la crème. Mélange bien le tout. Verse ce liquide sur la pâte. Mets la quiche dans le four pour 25 min de cuisson.

CONSEIL

Pour une quiche végétarienne, remplace les lardons par des morceaux de poireau cuits au beurre.

BELGIQUE
ALLEM
59
NORD
LUXEMBOURG
Metz
57
MOSELLE
LORRAINE
Nancy
54
ET-MOSELLE
88
VOSGES
Colmar
68
70
HAUTE-SAÔNE
Vesoul
FRANCHE-
Dijon
Besançon
COMTÉ
25
DOUBS
39
JURA
71
SAÔNE-ET-LOIRE
Lons-le-
Saunier
Mâcon
Bourg-en-
Bresse
74
HAUTE-SAVOIE
Annecy
69
RHÔNE
01
AIN
42

Tomates farcies aux légumes

- 4 personnes
- Préparation **30 minutes**
- Cuisson **1 heure**

- 4 grosses tomates à farcir
- 1 poivron rouge
- 1 poivron jaune
- 1 aubergine
- 1 oignon
- 1 branche de thym
- 4 cuil. à soupe de vinaigre balsamique
- huile d'olive
- sel, poivre

1 **Fais chauffer le four** à 180 °C (th. 6). Coupe le haut des grosses tomates, du côté opposé au pédoncule (la petite queue). Vide les graines avec une petite cuillère. Retourne les tomates sur une feuille de papier absorbant pour qu'elles s'égouttent. Retire le pédoncule des poivrons. Coupe-les en deux. Vide les graines. Coupe la chair en petits morceaux. Retire le pédoncule de l'aubergine et coupe-la en petits dés. Pèle l'oignon et coupe-le en petits morceaux.

2 **Étale un peu d'huile** sur une plaque allant au four. Dispose tous les morceaux de légumes sur la plaque. Arrose-les d'huile d'olive. Sale-les et poivre-les. Retire les petites feuilles de la branche de thym. Éparpille-les sur les légumes. Mets la plaque au four pour 20 à 30 min de cuisson, jusqu'à ce que les morceaux de légumes soient bien tendres.

3 **Sors les légumes du four.** Laisse-les tiédir. Mélange-les dans un bol avec le vinaigre balsamique. Remplis les tomates avec les légumes. Remets en place les « chapeaux ». Huile un plat à gratin. Pose les tomates farcies dans le plat. Mets-les au four pour 30 min de cuisson.

C'est moi le chef ! 2

Croque-monsieur

☺ **4 personnes**
Préparation **10 minutes**
Cuisson **5 minutes**

- ☆ **8 tranches de pain de mie**
- □ **4 tranches de jambon blanc de bonne qualité**
- △ **80 g de gruyère râpé + 40 g pour parsemer les croques**
- × **80 g de crème liquide**
- ◇ **20 g de beurre**

1 **Mélange, dans un bol,** le fromage râpé et la crème liquide. Coupe le jambon à la taille des tranches de pain. Sur une tranche de pain, étale le mélange fromage-crème puis dépose une tranche de jambon. Place une seconde tranche de pain sur le jambon et enduis-la du mélange fromage-crème. Parsème ton premier croque-monsieur de gruyère rapé. Procède ainsi pour les trois autres croques.

2 **Fais chauffer le beurre** à feu moyen dans une poêle. Fais dorer les croque-monsieur environ 2 min de chaque côté.

Croque provençal

4 personnes
Préparation **15 minutes**
Cuisson **10 minutes**

- 4 grandes tranches de pain de campagne
- 1 chèvre frais (type Petit Billy)
- 4 tranches de jambon cru
- 100 g de fèves pelées
- 8 tomates cerise
- 8 feuilles de basilic
- sel, poivre

1 **Fais bouillir de l'eau salée.** Fais-y cuire les fèves quelques minutes. Égoutte-les. Coupe les tomates cerise en quatre. Coupe le basilic et le jambon en fines lanières.

2 **Fais dorer les tranches de pain** de campagne dans un grille-pain. Tartine-les avec le fromage de chèvre. Sale et poivre.

3 **Fais chauffer le gril du four.** Passe les tartines quelques minutes sous le gril, jusqu'à ce que le fromage soit bien chaud. Répartis le jambon, les fèves, les tomates et les lanières de basilic sur les tartines et déguste-les tant qu'elles sont chaudes.

Coquillettes au jambon et aux petits pois

☺ 4 personnes
Préparation **15 minutes**
Cuisson **30 minutes**

- 300 g de coquillettes
- 2 tranches de jambon blanc
- 300 g de petits pois frais dans les cosses
- 4 cuil. à soupe de crème liquide
- sel

1 Écosse les petits pois. Fais-les cuire 10 min dans une grande casserole d'eau bouillante salée. Égoutte-les. Fais cuire les coquillettes le temps indiqué sur le paquet dans une grande casserole d'eau bouillante salée. Pendant ce temps, coupe le jambon en petits dés.

2 Quand les coquillettes sont cuites, égoutte-les. Reverse-les dans la casserole avec la crème, les petits pois et le jambon. Fais chauffer le tout à feu doux puis sers sans attendre.

CONSEIL

Tu peux remplacer le jambon blanc par du jambon de Parme.

Carottes râpées, vinaigrette au miel

4 personnes
Préparation **15 minutes**
Repos **1 heure**

- 4 belles carottes
- 1 échalote
- 2 cuil. à soupe de miel liquide
- 2 cuil. à soupe de vinaigre balsamique
- 6 cuil. à soupe de d'huile
- quelques brins de ciboulette
- sel, poivre

1 **Pèle les carottes.** Râpe-les dans un robot ou avec une râpe manuelle. Pèle l'échalote et coupe-la en très petits dés. Mélange le miel, le vinaigre balsamique, du sel et du poivre. Verse ensuite l'huile petit à petit en fouettant. Mélange les carottes et l'échalote avec la sauce. Mets-les au réfrigérateur pour au moins 1 h.

2 **Au moment de servir,** mélange-les bien pour les enrober de sauce. Coupe la ciboulette en petits tronçons avec des ciseaux. Parsème-les sur la salade de carottes.

Œufs à la coque, mouillettes de légumes

4 personnes
Préparation 10 minutes
Cuisson 20 minutes

- 4 œufs bien frais
- 8 asperges vertes
- 12 haricots verts
- 8 cuil. à soupe de chapelure
- 2 noix de beurre
- sel, poivre

1 Fais cuire les asperges et les haricots verts à la vapeur ou à l'eau bouillante jusqu'à ce qu'ils soient bien tendres. Égoutte-les sur du papier absorbant.

2 Fais bouillir de l'eau dans une grande casserole. Plonge les œufs dans l'eau bouillante et fais-les cuire 3 min. Pendant ce temps, fais fondre le beurre dans une poêle. Ajoute les haricots et les asperges. Sale-les et poivre-les. Fais-les dorer dans le beurre en les saupoudrant de chapelure.

3 Sors les œufs de la casserole et mets-les dans 4 coquetiers. Coupe le haut des œufs. Trempe les légumes dans le jaune, comme des mouillettes, puis mange le reste des œufs à la cuillère.

Guacamole

☺ 4 personnes
Préparation 15 minutes

- 2 avocats bien mûrs
- 1 citron vert
- 8 tomates cerise
- 1 petit oignon blanc
- quelques brins de coriandre fraîche
- quelques gouttes de Tabasco (si tu aimes les plats piquants)
- sel, poivre

1 Coupe le citron vert en deux et presse-le. Coupe les tomates cerise en quatre. Pèle le petit oignon et coupe-le en très petits dés. Retire les feuilles des brins de coriandre et coupe-les en fines lanières.

2 Coupe les avocats en deux. Retire les noyaux. Récupère leur chair avec une grande cuillère et mets-la dans un bol. Écrase-la avec une fourchette. Quand elle est bien écrasée, ajoute tous les autres ingrédients dans le bol et mélange délicatement.

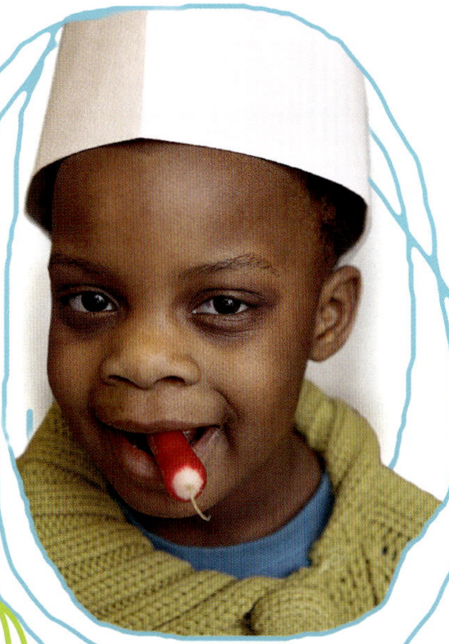

CONSEIL

Tu peux servir le guacamole dans les demi-avocats vidés.

3

Goûter gourmand

Crumble de poires aux amandes

4 personnes
Préparation 15 minutes
Cuisson 30 minutes

- 4 poires
- 1/2 citron
- 75 g de beurre
- 75 g de sucre
- 75 g de farine
- 75 g de poudre d'amandes
- 75 g de pépites de chocolat

1 **Fais chauffer le four** à 180 °C (th. 6). Pèle les poires. Coupe-les en quatre. Retire les trognons. Coupe-les en cubes. Mets-les dans un plat allant au four. Presse le demi-citron. Arrose les poires avec le jus.

2 **Coupe le beurre** en petits morceaux. Mets-les dans un bol avec le sucre, la farine et la poudre d'amandes. Mélange le tout avec les doigts jusqu'à ce que tu obtiennes une pâte un peu sableuse.

3 **Parsème les pépites** de chocolat sur les poires. Répartis la pâte dessus. Mets le plat au four pour 30 min de cuisson.

CONSEIL

Tu peux préparer ce crumble avec des pommes à la place des poires.

Financiers aux framboises

4 personnes (12 financiers)

Préparation **15 minutes**

Cuisson **15 minutes**

- 12 framboises
- 3 œufs
- 50 g de farine
- 100 g de sucre glace
- 80 g de poudre d'amandes
- 100 g de beurre doux (+ un peu pour les moules)
- 1 pincée de sel

1 **Fais chauffer le four** à 200 °C (th. 6-7). Sépare les blancs des jaunes d'œufs. Tu n'as besoin que des blancs pour cette recette. Mélange la farine, le sucre glace, la poudre d'amandes et le sel. Creuse un puits dans ce mélange. Verse les blancs d'œufs dans le puits. Mélange bien.

2 **Fais fondre le beurre** dans une petite casserole jusqu'à ce qu'il prenne une couleur de noisette. Verse-le dans la pâte et mélange à nouveau.

3 **Remplis des moules à financiers** (en silicone ou bien beurrés) aux trois quarts avec la pâte. Pose 1 framboise sur chaque financier. Mets-les au four pour environ 15 min, jusqu'à ce qu'ils soient bien dorés.

Brochettes de Chamallows flambés

4 personnes
Préparation 2 minutes
Cuisson 5 minutes

- 1 paquet de Chamallows
- des piques en bois

1 **Fais chauffer un barbecue.** Trempe les piques en bois dans de l'eau. Pique 1 ou 2 Chamallows par brochette. Fais les tourner au dessus du barbecue. Attends que la guimauve soit croustillante à l'extérieur et fondue à l'intérieur. Ne la laisse pas noircir.

2 **Déguste les brochettes encore chaudes,** mais fais attention de ne pas te brûler.

Pain perdu brioché

4 personnes
Préparation 10 minutes
Cuisson 10 minutes

- 8 tranches de brioche (si possible un peu sèche)
- 25 cl de lait
- 2 œufs
- 80 g de sucre
- 60 g de beurre
- 4 cuil. à soupe d'huile

1 **Mélange le lait,** les œufs et 25 g de sucre dans un bol avec une fourchette. Verse ce mélange dans une assiette creuse. Trempe les tranches de brioche dans ce mélange. Fais attention qu'elles ne ramollissent pas trop.

2 **Fais chauffer une poêle antiadhésive** à feu vif avec la moitié du beurre et de l'huile. Fais cuire les 4 premières tranches de brioche, quelques minutes de chaque côté, jusqu'à ce qu'elles soient bien dorées. Essuie ta poêle avec du papier absorbant. Fais chauffer le beurre et l'huile qui restent. Fais cuire les 4 dernières tranches de brioche. Saupoudre-les de sucre avant de les servir.

Cake marbré

8 personnes
Préparation **15 minutes**
Cuisson **1 heure environ**

- 4 œufs
- 250 g de farine
- 1 sachet de levure chimique
- 200 g de beurre mou + un peu pour le moule
- 200 g de sucre
- 50 g de poudre d'amandes
- 1 sachet de sucre vanillé
- 100 g de chocolat noir
- 1 pincée de sel

1 **Fais chauffer le four** à 210 °C (th. 7). Mélange la farine avec la levure. Mets le beurre, le sucre et le sel dans le bol d'un robot. Mixe le tout. Ajoute les œufs un par un en mixant à chaque fois. Ajoute ensuite le mélange de farine et la poudre d'amandes et mixe jusqu'à ce que tu obtiennes une pâte bien lisse. Répartis la pâte dans deux bols.

2 **Casse le chocolat en petits morceaux.** Fais-le fondre au micro-ondes 30 sec à puissance maximale. Sors-le et mélange. Remets-le au micro-ondes 30 sec. Continue ainsi jusqu'à ce qu'il soit bien fondu. Verse le chocolat fondu dans le premier bol et mélange bien. Ajoute le sucre vanillé dans le deuxième et mélange bien. Beurre un moule à cake.

3 **Verse la moitié de la pâte** à la vanille dans le moule puis la moitié de la pâte au chocolat. Verse ensuite le reste de pâte à la vanille puis le reste de pâte au chocolat. Mets le moule au four pour 10 min puis baisse la température à 170 °C (th. 5-6) et laisse-le cuire encore 50 min. Laisse ton cake refroidir puis démoule-le délicatement.

Eskimos aux jus de fruits et eskimos au yaourt

4 personnes (8 eskimos)
Préparation **15 minutes**
Repos (au congélateur) **quelques heures**

- **20 cl de nectar de fraise**
- **20 cl de jus d'orange**
- **3 yaourts nature**
- **3 cuil. à soupe de sucre roux**
- **1 poignée de groseilles**

1 **Verse le nectar de fraise** dans 4 moules à eskimos. Verse le jus d'orange par-dessus. Plante des bâtonnets dedans. Mets les moules au congélateur.

2 **Mélange les yaourts et le sucre** dans un bol. Dans 4 autres moules à eskimos, verse un peu de yaourt sucré puis quelques groseilles, du yaourt et ainsi de suite jusqu'à ce que les moules soient pleins. Plante des bâtonnets dans les moules et mets-les au congélateur pour quelques heures.

3 **Quand les eskimos sont bien durs,** sors-les du congélateur. Passe les moules sous l'eau chaude du robinet pour démouler les eskimos et déguste-les sans attendre.

CONSEIL

Si tu n'as pas de moules à eskimos, tu peux utiliser des moules à glaçons et planter des cure-dents dedans.

Smoothies aux agrumes

4 personnes
Préparation **10 minutes**

- 6 oranges
- 1 pamplemousse rose
- 2 bananes
- du miel à ton goût
- 4 glaçons

1 **Coupe les 2 extrémités** des oranges et du pamplemousse. Retire leur peau, avec un couteau pointu, en coupant un peu dans la chair de façon à ce qu'il n'y ait plus de peau blanche autour. Enlève les quartiers d'agrumes avec ton couteau. Pèle les bananes.

2 **Mets les fruits et les glaçons** dans le bol d'un blender avec un peu de miel. Mixe le tout. Goûte et ajoute un peu de miel si nécessaire. Verse la préparation dans 4 verres et déguste ces délicieux smoothies bien frais.

CONSEIL

Pour une version plus rapide, tu peux simplement presser les oranges et le pamplemousse.

Crêpes à la vanille

4 personnes
Préparation 15 minutes
Repos 1 heure
Cuisson 30 minutes

- 1 gousse de vanille
- 125 g de farine
- 2 œufs
- 25 cl de lait
- 20 g de beurre
- 1 cuil. à soupe de sucre + 1 peu pour le service
- un peu d'huile pour la cuisson des crêpes
- 1 pincée de sel

1

Fends la gousse de vanille en deux. Gratte-la bien pour récupérer les graines. Mélange la farine, le sucre et le sel dans un bol. Casse les œufs dans un autre bol. Verse le lait sur les œufs. Ajoute les graines de vanille et mélange bien. Verse ce liquide petit à petit dans la farine en mélangeant. Fais fondre le beurre. Verse-le dans la pâte et mélange à nouveau. Laisse reposer pendant 1 h.

2

Au bout de ce temps, étale un peu d'huile dans une poêle antiadhésive avec du papier absorbant. Fais-la bien chauffer. Verse un peu de pâte dans la poêle et incline-la en la tournant pour que la pâte s'étale partout. Fais cuire la crêpe environ 1 min. Elle doit être bien dorée en dessous. Retourne-la délicatement avec une spatule et fais-la cuire de l'autre côté. Fais-la glisser sur une assiette.

3

Remets un peu d'huile dans la poêle entre chaque crêpe. Quand tu as fait cuire toutes tes crêpes, tu peux les saupoudrer avec un peu de sucre, les rouler puis les servir sans tarder.

CONSEIL

Tu peux déguster ces crêpes avec de la compote ou de la confiture.

farine
beurre
Les

Clafoutis abricots-pistaches

4 personnes
Préparation **15 minutes**
Cuisson **40 minutes**

- 12 abricots
- 50 g de pistaches décortiquées non salées
- 3 œufs
- 100 g de sucre semoule
- 60 g de farine
- 60 g de beurre
- 15 cl de lait
- 1 sachet de sucre vanillé
- 1 pincée de sel

1 **Fais chauffer le four** à 180 °C (th. 6). Coupe les abricots en quatre. Retire les noyaux. Écrase grossièrement les pistaches. Casse les œufs dans un bol. Bats-les avec une fourchette. Ajoute le sucre et le sel puis mélange bien. Verse la farine et mélange à nouveau jusqu'à ce que la pâte soit lisse. Fais fondre les trois quarts du beurre. Verse le beurre fondu et le lait dans la pâte et mélange bien.

2 **Beurre un plat allant au four.** Pose les abricots au fond du plat. Parsème les pistaches dessus. Verse la pâte sur les abricots. Coupe le beurre restant en lamelles et répartis-les sur la pâte. Mets le plat au four pour 30 à 40 min. Il faut que le clafoutis soit bien doré. Saupoudre-le de sucre vanillé avant de le servir.

Milk-shake multivitaminé

☺ 4 personnes
Préparation 15 minutes

- 2 mangues
- 2 pêches
- 250 g de fraises
- 4 boules de glace vanille
- du sucre, à ton goût

1

Pèle les mangues et récupère la chair. Pèle les pêches et récupère la chair. Retire la queue des fraises. Choisis-en 4, coupe-les en quatre et mets-les de côté pour la décoration.

2

Mets les fruits dans un blender avec la glace et un peu de sucre. Mixe rapidement pour obtenir un milk-shake bien lisse. Goûte et ajoute du sucre si nécessaire. Verse le milk-shake dans 4 verres. Décore-les avec les morceaux de fraises.

le
lait
Tout
Simplement
demi écrémé
stérilisé / UHT
1L e
FR
CE
le
lait
Tout
Simplement
demi écrémé
stérilisé / UHT
1L e
Garantie IPLC

Tiramisu aux pêches

4 personnes
Préparation 20 minutes
Repos 2 heures

- 4 pêches
- 12 boudoirs (ou assez pour recouvrir ton plat)
- du nectar de pêche (pour imbiber les boudoirs)
- 3 œufs
- 250 g de mascarpone
- 100 g de sucre
- 1 pincée de sel

1 Pèle les pêches et coupe la chair en morceaux. Pose les boudoirs au fond du plat dans lequel tu vas servir le tiramisu. Verse du nectar de pêche dessus pour les imbiber. Répartis les morceaux de pêche sur les boudoirs.

2 Casse les œufs et sépare les blancs des jaunes d'œufs dans deux bols. Dans le bol des jaunes, verse le sucre et bats le mélange jusqu'à ce qu'il devienne jaune pâle. Ajoute le mascarpone et mélange bien. Dans l'autre bol, fouette les blancs d'œufs avec le sel jusqu'à ce qu'ils forment des pics fermes. Incorpore délicatement les blancs d'œufs dans le mélange au mascarpone. Verse cette crème sur les pêches.

3 Mets le tiramisu au réfrigérateur pour 2 h minimum avant de le servir.

Crème caramel

4 personnes
Préparation **15 minutes**
Cuisson **50 minutes**

- **10 morceaux de sucre**
- **1 gousse de vanille**
- **2 œufs**
- **30 cl de lait**
- **50 g de sucre en poudre**
- **un peu de beurre pour les ramequins**

1 **Fais chauffer le four** à 180 °C (th. 6). Beurre bien 4 ramequins. Mets les morceaux de sucre dans une casserole avec un peu d'eau. Fais-les chauffer jusqu'à ce qu'ils fondent et qu'ils prennent une belle couleur caramel. Verse ce caramel au fond des ramequins.

2 **Coupe la gousse de vanille en deux.** Verse le lait dans une casserole avec les demi-gousses de vanille. Fais-le bouillir puis ajoute le sucre en poudre et remue pour le faire fondre. Retire la casserole du feu et laisse reposer 5 min puis enlève les demi-gousses de vanille. Casse les œufs dans un bol. Bats-les bien. Verse le lait chaud petit à petit sur les œufs en mélangeant sans arrêt. Verse ce mélange dans les ramequins et fais cuire 45 min au four (voir conseil).

3 **Laisse refroidir les crèmes caramel.** Passe un couteau le long du bord intérieur des moules. Démoule les crèmes sur de petites assiettes.

CONSEIL

Ces crèmes doivent cuire au four dans un bain-marie : place les ramequins dans le plat, verse un peu d'eau à mi-hauteur des ramequins puis enfourne le tout.

4

Jour de fête

Gâteau d'anniversaire

4 personnes
Préparation 30 minutes
Cuisson 30 minutes

POUR LE GÂTEAU

- 1 yaourt
- 2 pots de yaourt de sucre en poudre
- 1 sachet de sucre vanillé
- 3 pots de yaourt de farine
- 1/2 pot de yaourt d'huile
- 3 œufs
- 1/2 sachet de levure
- un peu de beurre pour le moule

POUR LA GARNITURE ET LE GLAÇAGE

- 250 g de fraises
- 20 cl de crème fraîche épaisse
- 60 g de sucre en poudre
- 60 g de sucre glace
- 3 cuil. à soupe de jus de citron

1 Fais chauffer le four à 180 °C (th. 6). Beurre un moule à gâteau. Vide le contenu du pot de yaourt dans un grand bol. Lave et sèche le pot puis utilise-le pour mesurer les ingrédients. Ajoute 2 pots de sucre en poudre et le sucre vanillé dans le bol puis mélange. Ajoute ensuite 3 pots de farine et la levure et mélange encore. Casse les œufs et ajoute-les dans le mélange avec le demi-pot d'huile. Mélange à nouveau jusqu'à que la pâte soit lisse. Verse la pâte dans le moule. Mets-le au four pour 30 min de cuisson.

2 Mélange la crème fraîche avec le sucre en poudre. Retire les queues des fraises ; coupe-les en deux. Sors le gâteau du four et laisse-le refroidir un peu. Démoule-le en le retournant sur une assiette. Coupe-le en deux horizontalement. Étale la crème sucrée sur la base du gâteau. Répartis les fraises dessus. Gardes-en quelques unes pour la décoration. Pose le haut du gâteau dessus. Mélange le sucre glace avec le jus de citron. Étale ce mélange sur le gâteau pour le glacer. Décore-le avec les fraises que tu as gardées.

happy

Nems banane, sauce Nutella®

4 personnes
Préparation 20 minutes
Cuisson 10 minutes

- 12 feuilles de brik
- 4 bananes
- 2 cuil. à soupe de sucre
- 2 cuil. à soupe de jus de citron
- 3 noix de beurre
- 100 g de Nutella®
- 10 cl de crème liquide

1

Fais chauffer le four à 200 °C (th. 6-7). Pèle les bananes et écrase-les avec le sucre et le jus de citron. Fais fondre le beurre dans une petite casserole ou 30 sec environ au micro-ondes.

2

Coupe les feuilles de brik en deux. Et recoupe-les un peu pour faire des rectangles. Badigeonne-les de beurre fondu. Pose une partie du mélange de banane au milieu du bord de la feuille de brik. Replie les côtés et roule-la pour former un nem. Recommence avec les autres rectangles de brik. Pose les nems sur une plaque antiadhésive ou recouverte de papier sulfurisé. Badigeonne-les à nouveau de beurre fondu. Mets-les au four pour 7 à 10 min de cuisson, jusqu'à ce qu'ils soient bien dorés.

3

Pendant ce temps, fais chauffer le Nutella® et la crème à feu doux. Mélange bien pour obtenir une sauce lisse. Sers les nems chauds arrosés de sauce au Nutella®.

Mousse au chocolat croustillante aux poires

4 personnes
Préparation **20 minutes**
Cuisson **5 minutes**
Repos **quelques heures**

- 130 g de chocolat noir
- 4 œufs
- 1 poire
- 1 poignée de corn flakes
- 1 pincée de sel

1 **Sépare les blancs des jaunes** d'œufs. Monte les blancs en neige ferme avec le sel à l'aide d'un fouet électrique.

2 **Casse le chocolat en petits morceaux.** Fais-le fondre au micro-ondes 30 sec à puissance maximale. Sors-le du micro-ondes et mélange. Remets-le dans le micro-ondes 30 sec. Continue ainsi jusqu'à ce qu'il soit bien fondu. Laisse-le tiédir. Mélange les jaunes d'œufs au chocolat. Mélange délicatement les blancs d'œufs dans le chocolat.

3 **Pèle la poire.** Coupe-la en quatre. Retire le trognon. Coupe-la en petits morceaux. Ajoute les dés de poire et les corn flakes sur la mousse. Mélange à nouveau délicatement. Répartis la mousse dans des verres ou des bols. Mets-les au réfrigérateur quelques heures jusqu'à ce que la mousse soit ferme.

Salade de fraises, chantilly maison

4 personnes
Préparation **20 minutes**

- 500 g de fraises
- 1/2 citron
- 2 cuil. à soupe de miel
- 20 cl de crème liquide
- 50 g de sucre glace
- 4 feuilles de menthe

1 **Garde la crème liquide** au réfrigérateur avec le bol dans lequel tu vas la fouetter. Retire la queue des fraises et coupe-les en dés. Presse le demi-citron. Mélange les fraises avec le miel et le jus de citron. Mets-les au réfrigérateur.

2 **Bats la crème liquide** avec un fouet électrique jusqu'à ce qu'elle forme des pics. Ajoute le sucre glace et fouette rapidement pour mélanger. Coupe les feuilles de menthe en fines lanières. Verse la salade de fraises dans 4 bols. Répartis la crème Chantilly dessus. Parsème-la avec les lanières de menthe.

AIGLE

Roses des sables muesli et chocolat au lait

☺ 5 personnes
Préparation **10 minutes**
Cuisson **5 minutes**

- 150 g de chocolat au lait
- 75 g de muesli

1 **Casse le chocolat en petits morceaux.** Fais le fondre au bain-marie (mets le chocolat dans une petite casserole et dépose-la dans une casserole remplie d'eau placée sur le feu). Ajoute le muesli dans le chocolat et mélange bien.

2 **Étale une feuille de papier sulfurisé.** Forme des petits tas du mélange au chocolat avec deux cuillères. Laisse-les refroidir sur le papier sulfurisé.

CONSEIL

Pour une version classique, tu peux préparer les roses des sables avec des corn flakes et du chocolat noir.

Bâtonnets choco et soupe de cerises

4 personnes (8 bâtonnets)
Préparation **20 minutes**
Cuisson **10 minutes**
Repos **1 heure**

- 100 g de chocolat noir
- 8 gressins très fins
- 600 g de cerises
- 2 cuil. à soupe de sucre

1 **Casse le chocolat en petits morceaux.** Fais-le fondre au micro-ondes 30 sec à puissance maximale. Sors-le du micro-ondes et mélange. Remets-le au micro-ondes 30 sec. Continue jusqu'à ce qu'il soit bien fondu. Trempe les gressins dans le chocolat fondu en les recouvrant aux trois quarts. Fais-les sécher sur une feuille de papier sulfurisé.

2 **Coupe les cerises en deux** et dénoyaute-les. Mets-les dans une casserole avec 40 cl d'eau et le sucre. Fais bouillir le tout puis retire la casserole du feu. Mélange bien les cerises et le jus. Verse le tout dans un bol. Place-le au moins 1 h au réfrigérateur.

DES AFFAIRES

Œufs au chocolat praliné, mouillettes de brioche

4 personnes
Préparation 15 minutes
Cuisson 20 minutes
Repos 1 heure

- 4 œufs
- 15 cl de lait
- 60 g de chocolat au lait praliné
- 2 cuil. à soupe de sucre
- 4 tranches de brioche
- 50 g de beurre
- 1 pincée de cannelle en poudre

1 Casse les œufs et sépare les jaunes des blancs. Garde les jaunes et jette les blancs (voir conseil). Dans une casserole, fais chauffer le lait avec le chocolat en mélangeant bien. Fais bouillir le tout puis retire la casserole du feu et laisse un peu reposer.

2 Dans un bol, fouette les jaunes d'œufs avec le sucre. Ajoute le lait chocolaté encore chaud sans arrêter de fouetter. Verse le mélange dans la casserole et laisse épaissir sur feu doux comme pour une crème anglaise. Verse la crème pralinée dans des coquetiers et mets-les au réfrigérateur pour 1 h.

3 Fais chauffer le four à 200 °C (th. 6-7). Découpe des mouillettes dans la brioche. Fais fondre le beurre dans une casserole. Badigeonne les mouillettes de beurre fondu et saupoudre-les de cannelle. Fais-les dorer 5 min au four sur une plaque antiadhésive. Garde les mouillettes à température ambiante. Au moment de passer à table, présente la crème accompagnée des mouillettes.

CONSEIL

Au lieu de casser les œufs, tu peux les ouvrir délicatement avec un coupe-œuf, laver les coquilles et présenter les crèmes dedans.

Pommes au four au pain d'épice

4 personnes
Préparation **15 minutes**
Cuisson **30 minutes**

- 4 pommes rouges bien fermes
- 2 tranches de pain d'épice
- 4 cuil. à soupe de miel
- 4 noix de beurre
- 1 poignée de raisins secs

1

Fais chauffer le four à 180 °C (th. 6). Coupe le pain d'épice en très petits morceaux. Mets-les dans un bol avec le miel, le beurre et les raisins secs. Écrase le tout à la fourchette.

2

Retire les trognons des pommes à l'aide d'un couteau en faisant attention de ne pas les percer. Pique la peau des pommes avec le couteau pour ne pas qu'elles éclatent à la cuisson. Pose-les dans un plat allant au four. Remplis l'espace à la place des trognons avec le mélange au pain d'épice. Mets le plat au four pour 30 min de cuisson.

CONSEIL

Tu peux remplacer le miel par du sirop d'érable.

Riz au lait à la cannelle, pop-corn caramélisé

4 personnes
Préparation **20 minutes**
Cuisson **40 minutes**

LE RIZ AU LAIT

- 130 g de riz rond pour dessert
- 65 cl de lait
- 1 bâton de cannelle
- 80 g de sucre cassonade
- 1 sachet de sucre vanillé

LE POP-CORN :

- 1/2 verre de maïs à pop-corn
- 50 g de beurre
- 3 cuil. à soupe de sucre cassonade
- 2 cuil. à soupe de sirop d'érable
- huile d'arachide, pour la cuisson du pop-corn

1 **Fais cuire le riz** 4 min dans de l'eau bouillante en le remuant. Égoutte-le. Remets-le dans la casserole. Verse le lait dessus, ajoute le bâton de cannelle. Fais bouillir le tout puis fais cuire 20 min à feu doux. Ajoute les sucres. Laisse cuire encore 5 min. Retire le bâton de cannelle.

2 **Prépare le pop-corn.** Verse 5 mm d'huile d'arachide dans une casserole. Ajoute le maïs et étale-le bien. Couvre la casserole. Secoue-la et fais-la chauffer à feu moyen. Attends que le maïs éclate et, quand le bruit se calme, secoue à nouveau la casserole sans l'ouvrir. Fais-la encore chauffer jusqu'à ce que le bruit se calme à nouveau. Fais fondre le beurre, le sucre cassonade et le sirop d'érable dans une casserole. Fais bouillir et mélange bien. Laisse chauffer jusqu'à ce que le mélange soit bien lisse et épais.

3 **Verse le pop-corn** dans un grand bol. Arrose-le de sirop en mélangeant avec une spatule jusqu'à ce que le sirop ne soit plus liquide. Verse le riz au lait encore chaud dans 4 verres et le pop-corn caramélisé dans des petits bols.

Soupe de poires aux framboises et au nougat

4 personnes
Préparation 20 minutes
Repos 20 minutes

- 5 poires
- 1/2 citron
- 4 cuil. à soupe de lait concentré sucré
- 500 g de framboises
- 2 cuil. à soupe de sucre glace
- 8 biscuits à la cuiller
- 1 barre de nougat blanc

1 **Pèle les poires.** Coupe-les en quatre et retire les trognons. Presse le demi-citron. Mets 4 poires dans le bol d'un robot avec le lait concentré, quelques gouttes d'eau et le jus de citron. Mixe le tout. Verse ce mélange dans un bol et mets-le au réfrigérateur.

2 **Écrase les framboises** avec le sucre glace. Coupe la poire restante en petits cubes. Mélange-les avec les framboises écrasées. Coupe les biscuits à la cuiller en gros morceaux. Coupe le nougat en petits cubes.

3 **Dans 4 verres,** verse la soupe de poires, puis les morceaux de biscuits, les cubes de nougat, puis le mélange poire-framboises.

je t'aime

Tartelettes au chocolat et aux noix de pécan

4 personnes
Préparation 15 minutes
Repos 30 minutes
Cuisson 25 minutes

- 1 rouleau de pâte sablée
- 150 g de chocolat noir
- 80 g de noix de pécan
- 20 cl de crème liquide
- 35 g de beurre + un peu pour les moules

1 Beurre des moules à tartelettes. Coupe 4 cercles dans le rouleau de pâte. Étale-les dans les moules. Pique-les à la fourchette. Mets-les 30 min au réfrigérateur. Fais chauffer le four à 180 °C (th. 6). Mets les moules au four pour 20 min de cuisson. Sors-les du four, laisse-les refroidir puis démoule-les délicatement.

2 Casse le chocolat en petits morceaux. Fais-le fondre au micro-ondes avec le beurre 30 sec à puissance maximale. Sors-le du micro-ondes et mélange. Remets-le au micro-ondes 30 sec. Continue ainsi jusqu'à ce qu'il soit bien fondu. Laisse-le tiédir.

3 Mixe les noix de pécan sauf 4 à garder pour la décoration. Fais bouillir la crème liquide. Verse doucement la crème sur le chocolat fondu en fouettant au fur et à mesure pour faire une crème bien lisse. Ajoute ensuite les noix de pécan mixées et mélange. Verse ce mélange dans les moules à tartelettes. Pose une noix de pécan entière au centre de chaque moule. Laisse durcir la crème au chocolat avant de servir les tartelettes.

Annexes

Saisonnalité

Les fruits et les légumes poussent à des périodes différentes de l'année en France.

C'est à ce moment-là qu'on les trouve facilement et que leur goût est le meilleur. De nos jours, tu les trouveras parfois en dehors de ces périodes, car on les fait venir de loin.

Dans ce cas, ils sont souvent plus chers et ont moins de goût. Grâce à cette liste, tu apprendras à connaître les saisons des principaux fruits et légumes et à les manger quand ils sont les plus savoureux. Les premières fraises ou les premiers petits pois de l'année, quel bonheur !

Attention, selon les variétés et la région où tu habites, il y a des variations de saison. Renseigne-toi auprès de ton maraîcher.

Les produits surlignés sont utilisés dans les recettes du livre.

Les légumes

Artichaut avril, mai, juin, juillet, août, septembre, octobre

Asperge avril, mai, juin

Aubergine juillet, août, septembre, octobre

Avocat novembre, décembre

Carotte janvier, février, mars, novembre, décembre

Céleri janvier, février, mars, novembre, décembre

Chou janvier, février, septembre, octobre, novembre, décembre

Concombre juillet, août, septembre, octobre

Courgette juin, juillet, août, septembre, octobre

Endive janvier, février, mars

Épinard avril, mai, septembre, octobre, novembre

Fève avril, mai, juin, juillet

Haricot vert mai, juin, juillet, août, septembre

Maïs août, septembre

Navet janvier, février, mars, avril

Oignon janvier, février, mars, avril, mai, juin, juillet, août, septembre, octobre, novembre

Petit pois avril, mai, juin, juillet

Poireau janvier, février, mars, avril, août, septembre, octobre, novembre, décembre

Poivron août, septembre, octobre

Pomme de terre janvier, février, mars, avril, mai, juin, juillet, août, septembre, octobre, novembre, décembre

Potiron janvier, février, mars, septembre, octobre, novembre, décembre

Radis avril, mai, juin, septembre, octobre, novembre

Saisonnalité

Les fruits

Abricot juin, juillet, août

Amande juin, juillet, août

Ananas janvier, février, mars, septembre, décembre

Banane janvier, février, octobre, novembre, décembre

Brugnon juin, juillet, août

Cerise mai, juin, juillet

Châtaigne octobre, novembre, décembre

Citron janvier, février, mars

Clémentine janvier, décembre

Coing octobre, novembre

Figue juin, juillet, août, septembre, octobre

Fraise juin, juillet, août, septembre, octobre

Framboise juin, juillet, août, septembre, octobre

Groseille juillet, août

Kiwi janvier, février, mars, avril, octobre, novembre, décembre

Litchi janvier, juin, juillet, décembre

Mandarine janvier, décembre

Mangue mars, avril, mai, juin

Melon juin, juillet, août

Noisette août, septembre

Noix janvier, février, mars, octobre, novembre, décembre

Orange janvier, février, mars, décembre

Pamplemousse janvier, février, mars, décembre

Pastèque juillet, août

Pêche juillet, août, septembre

Poire janvier, février, septembre, octobre, novembre, décembre

Pomme janvier, février, mars, avril, septembre, octobre, novembre, décembre

Prune juillet, août, septembre

Raisin août, septembre, octobre, novembre

Tomate juillet, août, septembre

Les aromates et plantes

Basilic juin

Ciboulette juin

Coriandre juin

Menthe juin

Persil juin

Thym juin

Table des recettes

Table des matières

Les petits chefs

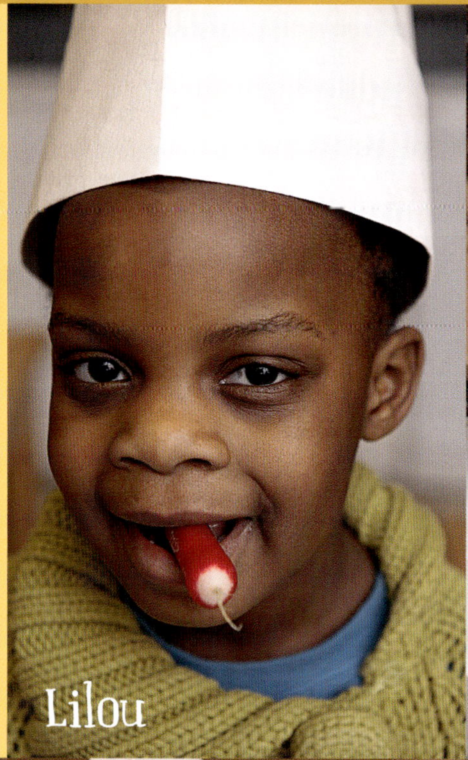

Valentine
Clément
Lola
Anabel
Paloma
Eliot

Située au cœur du Domaine National de Saint-Cloud, La ferme du Piqueur et toute son équipe : Sophie, Claudine, Thierry, Juliette, Laurent, Dorothée et Chloé, vous donnent rendez-vous tout au long de l'année pour des ateliers ludiques et créatifs. Petits et grands sont invités à découvrir les animaux de la ferme et à apprendre les bons gestes pour protéger notre environnement.

Infos et inscriptions
La ferme du Piqueur
Domaine national de Saint-Cloud
92210 Saint-Cloud | 01 46 02 24 53

www.lafermedupiqueur.fr

Thomas Dhellemmes remercie son assistante Laëtitia Vallée, Jérémy Zénou pour la retouche des images ainsi que les équipes d'Hachette Pratique.

L'Editeur remercie l'Association l'Enfance de l'Art pour son accueil chaleureux à la ferme du Piqueur.

Garlone Bardel remercie chaleureusement Emmanuelle Redaud et Sabine Revaud qui l'ont assistée, toutes les boutiques pour leur si précieuse collaboration, les petits chefs pour leur présences rieuses, et Mila Rol,talentueuse dessinatrice en herbe.

Nutella® (Nutella® est une marque déposée du groupe Ferrero)

Direction Jean-François Moruzzi et Pierre-Jean Furet

Responsable éditoriale Brigitte Eveno

Conception graphique et réalisation Patrice Renard

Conception et réalisation de la couverture Salah Kherbouche

Collaboration rédactionnelle Nicole Seeman

Préparation de copie et correction Marie-Charlotte Buch-Müller

Fabrication Amélie Latsch

Partenariats Sophie Augereau (01 43 92 36 82)

Responsable Relations presse et responsable Droit international
Johanna Rodrigue (jrodrigue@hachette-livre.fr)

L'éditeur remercie Audrey Roy pour son aide précieuse.

CREDITS PHOTOS

BONTON BAZAR : p.15, p.19, p.29, p.30, p.40, p.51, p.53, p.57, p.69, p.71, p75, p89 | DESIGNER GUILD : p.17, p.21, p.69 | ZAZOUBARA : p40
MUJI : p38 | FILAMENT : p54 | MILA ROL : p.59 | AIGLE : p75
CARAVANE EMPORIUM : p81 | MONOPRIX : p25, p61

Photographies additionnelles chez **Fotolia.com** :
© Olga Shelego | © Tatiana | © Adrian Coroama
© Alex Staroseltsev | © YaaL | ©TimurD | © volff
© Julien Rousset | © François Roche | © Franck Gobbo
© Barbro Bergfeldt | © Creative images | © Irochka
© Matthew Antonino | Elena Elisseeva

CARNET d'ADRESSES

BONTON BAZAR 122, rue du Bac 75007 PARIS
DESIGNER GUILD 10, rue Saint-Nicolas 75012 PARIS
ZAZOUBARA 13, avenue du Père-Lachaise 75020 PARIS
MUJI 47, rue des Francs-Bourgeois 75004 PARIS
FILAMENT 10, rue Lesdiguières 75004 PARIS
CARAVANE EMPORIUM 22, rue Saint-Nicolas 75012 PARIS
AIGLE www.aigle.com
MONOPRIX www.monoprix.com

Pour l'éditeur, le principe est d'utiliser des papiers composés de fibres naturelles, renouvelables, recyclables et fabriquées à partir de bois issus de forêts qui adoptent un système d'aménagement durable.

En outre, l'éditeur attend de ses fournisseurs de papier qu'ils s'inscrivent dans une démarche de certification environnementale reconnue.

Dépôt légal : mai 2009
23-27-7796-01-8
ISBN : 9782-01-23-7796-7
Imprimé en Espagne par Graficas Estella